A mi abuela

TIAGO

Acuarelas de Cristina Coroleu

Vergara & Riba
Editoras
❀

Abuela,

Te he escrito este libro para poder decirte,
de otra forma, algo que me has escuchado
muchas veces: te quiero.
Es tan simple y, a veces, tan difícil decirlo.
Las personas grandes parecen creer que los niños
no se dan cuenta de sus propios sentimientos,
pero no es así.
Cuando nos acompañas, cuando nos cuidas,
cuando juegas con nosotros, abuela, nosotros
sentimos; sentimos que nos quieres y que,
incluso, nuestro corazón se agranda.
¿Qué es eso? Es amor.
Ojalá estas palabras también lleguen a tu propio
corazón y, tal vez, al de muchas otras abuelas que,
como tú, se merecen este cariño y
este reconocimiento.

Hola, abuela

Cuando me estrechaste
por primera vez entre tus brazos,
podría haberte preguntado: ¿*Nos conocemos?*
Porque juraría que, aun antes de verte,
ya te había escuchado decirme
palabras llenas de ternura.
Que me amaste incluso antes de saber quién sería.
Que el solo hecho de saber que yo llegaría,
te hizo feliz.
No recuerdo qué me decías,
pero ahora que me miras emocionada
y me alzas orgullosa,
sé que te conozco.
Y cuando me tocas con tus manos
expertas en caricias...
definitivamente
sé que estoy a gusto contigo.
Como si siempre te hubiera conocido.

Me cuidas

En esos días de lluvia,
en esos días de tristeza,
en esos días en que mis padres
están de viaje...
en esos días, abuela,
siempre estás tú.

Y en esos mismos días,
mágicamente, todo cambia:
siento que ya no llueve,
que ya no hay tristeza,
que ya no estoy solo,
porque tú estás aquí
para cuidarme.

iluminas cada lugar

Vamos al zoológico
y me muestras
cómo rugen los leones.
Vamos a la plaza
y, jugando,
casi llego a tocar el cielo.
Vamos al campo
y me das un girasol
para que pruebe sus semillas.
Vamos a la montaña
y, con la nieve, haces para mí
un increíble muñeco blanco.
Dondequiera que vayamos juntos
me sorprendes con algo nuevo...
sin olvidarte nunca de darme
lo mismo de siempre:
tu amor.

Heredé tanto de ti...

Mi nariz es como tu nariz,
tus ojos son casi los míos.
¿También tienes
ese lunar en la espalda?
A veces, abuela, me sorprendes,
¡eres igual a mí!
Cuando te lo digo,
me respondes protestando que no,
que yo soy igual a ti.
Sí, abuela,
yo me parezco a ti.
Tengo tu mirada somnolienta en la mañana
y tus pestañas largas.
También heredé, abuela,
tu humor burlón,
tu carácter
y, sobre todo,
tu maravillosa alegría de vivir.

sabes devolverme la alegría

Cuando me ves
enojado o triste
me preguntas por qué,
me escuchas con atención,
me comprendes
y me haces ver lo que
me duele
de otra manera.
De una manera
mucho menos dolorosa,
y la alegría vuelve a mí.

Grandes aventuras

Contigo, abuela,
viajé en la barriga
de la ballena con Pinocho,
lloré cuando se hicieron las doce
para Cenicienta
y me asusté cuando la bruja
quiso envenenar a Blancanieves.
¡Cuántos reinos conocí contigo!
¡A cuántos personajes descubrí!
A la sirenita bajo el mar
y a Gulliver en su isla,
a todos acompañé tomado de tu mano
y escuchando la melodía de tu voz.

Sopa de letras

Me enseñaste las primeras letras.
Enhebraste para mí, la a con la b y la b con la c,
y luego todas las demás...
para que yo viajara por la fantasía.
Abuela, viajaré la vida entera con esas letras...
y me reencontrarán con las historias
que con tanto amor, me leías
cuando yo no podía, todavía,
emprender solo esa aventura.

Enséñame a aprender

Eres un libro abierto,
una enciclopedia llena de sabiduría.
A veces me parece que
sabes todas las historias del mundo.
Me cuentas acerca de los romanos y los griegos,
de los franceses y los ingleses,
de antiguas guerras y descubrimientos...
Siempre relatas con la calma de quien
ya ha vivido innumerables aventuras,
de quien ha conocido muchos personajes,
anécdotas felices y pesares,
y de todo ha sabido aprender algo valioso.
Ya sabes dónde está la bondad,
dónde la maldad.
Yo lo aprecio
porque, para mí,
que recién comienzo
a recorrer este camino,
tu sabiduría tiene un valor infinito.

Tu casa

Estoy en tu casa, tan llena de vida,
de tus recuerdos,
recuerdos de mis padres, de tus amigos,
de tus viajes,
fotografías de la historia de tu vida.
Tu álbum de matrimonio,
la infancia de tus hijos,
el día que yo nací,
cuando nacieron mis primos...
Siempre estaremos todos
alegres y sonrientes en tu casa.

En el ambiente todo respira a ti,
como si las cosas se movieran a tu ritmo.
Por esto, porque tu casa es tan tuya
me dan tantas ganas de ir a verte.

¡No hay como mi abuela en la cocina!

¡Ah!, esas comidas que con tanto amor
me preparas...
Esos dulces que nunca alcanzan...
Tú sabes lo que me gusta,
y me lo ofreces con una sonrisa cómplice.
Te veo con la harina, el azúcar,
las nueces, los chocolates.
Estás concentrada en la cocina,
rodeada de sabores y olores
que hablan de tu felicidad.

Y luego vienes con todos los
ingredientes ya mezclados,
transformados en una delicia
que casi te arrebatamos
¡Alto! ¡No tan rápido!, protestas,
por la fugacidad de tu esfuerzo.
Intentamos escucharte pero,
lo que preparas es tan delicioso,
que es imposible comerlo con calma.
En tu cocina de maravillas, abuela,
el mejor ingrediente es el amor...

Otoño, lana y amor

En el otoño,
los primeros fríos, cuando llegan,
te encuentran ya preparada
con tus agujas y tus ovillos de colores.
Piensas un rato
mirando por la ventana,
como preguntándole al sol pálido
qué tejer.
Yo sé que será algo para mí.
Sin pausa ni prisa comienzas la tarea.
Azul, rojo, blanco,
sabes cuál es mi color favorito
y de ese color tendré algo nuevo
este invierno.
Será mi abrigo preferido,
el que usaré hasta que esté
lleno de agujeros y parches.
Y en ninguna tienda del mundo
podría conseguir uno mejor...

Un señor galante

Cuéntame, por favor,
cómo era, cuando joven,
ese señor galante de las fotos
que hoy es mi abuelo.
Sí, cuando te cortejaba,
cuando se enamoró de ti.
¿Fue de inmediato, de un flechazo?
¿Fue después de largas conversaciones
o luego de bailar y bailar?
¿Y cómo te enamoraste tú de él?

También a mí, abuela,
me gusta saber del amor
pero, sobre todo, me gusta saber de ti.

22

Tu música

La música que tú escuchas
es única.
Quizás en otra parte,
en un lugar extraño,
no le prestaría atención.
Pero al ver cómo la disfrutas
también yo gozo con ella.
Más tarde, las notas
quedan revoloteando en mi interior
por días y días.
Melodías cantadas por voces
roncas y suaves,
que se mezclan
con guitarras y trompetas.
Y todas juntas, guitarras,
voces y notas,
inundan gloriosamente
el aire de tu casa.
Cuando, en muchos años más,
yo tenga mi propia casa,
sonarán allí esos instrumentos y esas voces,
y yo sabré de dónde vienen...

Tu amor por los animales

Me enseñaste a querer
y a respetar a los animales.
Nunca dijiste
"se hace de esta manera",
simplemente lo pusiste en práctica,
y mostrándome cómo lo hacías,
yo pude aprender.
Vi tu mano cariñosa para atenderlos
cuando se enferman,
el cuidado con que preparas sus comidas,
tu paciencia cuando desobedecen.
Y ellos te responden con
un "guau", un "miau"
o un trino de agradecimiento.
Por este amor a los animales
que me has enseñado,
yo podré tener los míos,
y quererlos y cuidarlos
como debe hacerse.

Eres mi amiga

A veces, abuela, pienso
que eres más traviesa que yo.
Eres la que me da chocolate
aunque mis padres digan
que no debo comer tanto.
Juegas y ríes conmigo
como si tuvieras mi edad.
Hacemos bromas por teléfono,
comemos helados
y nos ensuciamos las manos.
Y cuando mis padres nos encuentran
en una de las nuestras,
te silencias como si fueras de peluche
y me miras sonriéndome.
Abuela,
¡eres la mejor amiga del mundo!

Tu silencio es sabiduría

A veces pareces distraída
y no lo estás.
A veces parece que no sabes
quién empezó la riña de hermanos,
y lo sabes perfectamente.
A veces parece que te engañan,
pero no, sólo callas,
muestras tu serenidad.
Por eso, cuando dudo,
cuando veo que me engañan,
cuando quiero pelearme,
acudo a ti,
porque en ti
encuentro la tranquilidad
y la paz que necesito
para descubrir la verdad.

Gracias a ti

Antes de que yo naciera,
nacieron mis padres,
y antes de ellos,
naciste tú.
Si tú no hubieras nacido,
yo no existiría;
si no te hubieras casado con mi abuelo,
yo no existiría,
si no hubieras querido tener hijos,
yo no existiría.
¿Te das cuenta, abuela?
También existo gracias a ti.

Te veo joven y hermosa

Me encanta cuando te pones
tu sombrero.
Para el sol, me dices.
Porque te queda bien, yo sé.
En la calle quieres que te miren
y lo hacen.
Porque eres elegante,
y, aunque te quejes
de esas arrugas que te molestan,
aún sabes ser tan atractiva.
Mi joven y hermosa abuela.

Tu sinceridad

¡Hola!, contestas el teléfono
y cambias la voz,
feliz cuando te llamo,
o muy seria
si algo no te agrada.
Mueves las manos
como si la otra persona
te estuviera mirando.
Tu rostro expresa lo que sientes
como si el otro estuviera frente a ti.
 Así es tu sinceridad;
ni aun pudiendo esconderte detrás
de la distancia, lo haces.
Siempre demuestras
tus verdaderos sentimientos
y por eso confío en ti.

Verte emocionada

Sé que cuando tomas tus anteojos,
viene un largo rato de tranquilidad.
Te relajas, te sientas,
tomas tu libro,
lo abres en la página
en que dejaste de leer la última vez.
Observas la foto que te sirve de señalador
y comienzas a recorrer las palabras.
Yo te miro detrás del libro,
casi sin que te des cuenta.
Se te alzan las cejas cuando te sorprendes,
se te arruga la frente cuando algo te disgusta,
se te cae una lágrima cuando te entristeces,
se te dibuja una sonrisa cuando te enterneces,
hasta que te das cuenta de que te espío.
Dejas de leer, como para descansar de tanta emoción,
y me preguntas qué quiero hacer.
Yo también quiero emocionarme.
Entonces, me lees en voz alta.

Me enseñas a jugar limpio

Los dados dicen seis,
yo trato de mover siete lugares.
Sólo me miras por encima de tus anteojos,
y yo retrocedo un espacio.
Me encanta ganar,
pero a ti no puedo hacerte trampa,
y me enseñas a no hacerla nunca.
Abuela, cuando jugamos juntos,
nos divertimos,
y ahora sé que ese es el placer:
jugar, más que ganar.

Guardaré tus fotos

Abuela, mírame...
Clic, una foto tuya.
En tu casa, en la playa, en la montaña.
Guardaré todas tus fotos
para que mis nietos te conozcan.
Les contaré
cómo me cuidabas,
las cosas que me enseñabas
y cuánto nos divertíamos juntos...
Ellos te verán y sabrán
lo mucho que te quiero
y que todo el amor que nos une
comenzó contigo.

Vamos al cine

¿Vamos al cine?, me preguntas.
No hay nada que me guste tanto
como ir al cine contigo.
Tomado de tu mano,
vamos a ver algo que yo elijo.
A pesar de que es para niños,
te ríes, te emocionas,
te enojas con los malos,
igual que yo.
Y así compartimos la aventura
como si fuéramos los mismos personajes.
Y cuando todo termina,
ya me estoy preguntando
cuánto tiempo falta
para volver al cine contigo.

Verte feliz

Sonríes
y tus ojos se iluminan brillantes.
Te ríes, abuela, con alegría juvenil.
Te ríes porque me cuesta pronunciar una palabra.
Te ríes porque quiero regalarte todo lo que veo,
y nada me parece suficiente.
Te ríes porque hice una travesura,
y te diste cuenta.
Ríes, ríes...
y sé que estás contenta.
Me alegra tanto verte así.
Ojalá pudiera guardar esa sonrisa
para que siempre
vivas así de feliz.

Me enseñaste a pedir perdón

Abuela, estás muy seria...
¿Hice algo malo
que te ha enojado tanto?

Parece que sí.
Trato de poner cara de inocente,
pero no me crees.

Te pido perdón
y, en seguida, me alivia
ver tu sonrisa de nuevo.

Contigo aprendí a pedir perdón,
y te lo agradeceré toda la vida.

¡Quiero acompañarte!

Hoy estás triste.
Recuerdas a los que amaste
y que tanto te quisieron.
Algunos ya no están, me cuentas.
Falta mucho tiempo
para que yo entienda.
Me lo han dicho muchas veces...
Pero yo también sé qué es estar triste,
sobre todo cuando mis papás no están,
y los extraño
como tú extrañas a los tuyos.
Por eso, cuando estás triste,
yo también me entristesco,
porque aunque quisiera no entender,
ya entiendo
y quiero alegrarte,
o, al menos,
hacer que te duela
un poco menos tu dolor.

La verdadera sabiduría

Muchas personas confunden
la sabiduría con el saber,
con tener una profesión,
con conocer alguna técnica especial.
Yo también a veces me confundo.
Pero cuando te escucho hablar
y veo cómo le das tranquilidad al inquieto
y enjugas con una sonrisa cada lágrima
y recibes con alegría al recién llegado,
entiendo qué es la verdadera sabiduría:
es la que tú posees, abuela, en abundancia,
la sabiduría para vivir mejor.

Abrazos de abuela

Con tu voz profunda
me preguntas:
¿quién, dime quién
te dará estos abrazos de abuela?

¡Tú, sólo tú !, te contesto,
y me persigues
para abrazarme una vez más.
Fuerte, apretado, largo...
un abrazo
que quiero que dure para siempre.

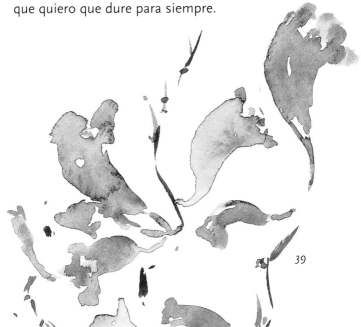

Cuéntame

Cuando me cuentas de tu vida...
si supieras qué alegría
me da escucharte relatar esas historias,
tan cuidadosamente guardadas.
No quieres, yo sé que no quieres
revelar tus recuerdos.
Pero me encanta
que me cuentes tus historias:
tu primer enamorado,
tu primer beso.

                Mi abuelo de joven,
de mirada hosca al principio,
tan dulce después.

             Tus padres,
¿también te fijaban una hora para volver a casa?
¿Te ponían penitencias?
Sí, me dices, pero también te cuidaban.

Tus abuelos, que vivían
en aquella casa de techos altos
en la que cabían árboles enteros.
Todo vuelve a vivir
cuando tú me lo cuentas.
Y yo vivo así tu historia
porque también es la mía.

Hoy y mañana

Hoy, abuela, soy yo quien te necesita,
a quien todavía hay que educar,
a quien todavía le falta crecer.
Y hoy, eres tú quien pasea,
quien sale con sus amigos.
Yo mañana podré andar por las calles
sin que me tomen de la mano.
Podré salir cuando haga frío.
Podré dormirme tarde
o volver a la madrugada de las fiestas.

Pero siempre, abuela, siempre
cuidaré de ti.

Cuando haga frío,
seré yo quien te visite.
Cuando quieras un dulce,
seré yo quien vaya por él.
Cuando quieras ver a tus amigas,
yo te llevaré.
Has hecho tanto por mí,
que nada que yo haga podrá igualarlo.
Y porque te quiero tanto, abuela,
necesito que sepas hoy
que siempre, siempre,
podrás contar conmigo.

OTROS LIBROS PARA REGALAR

Nunca te rindas

Todo es posible

Un regalo
para mi hijo

Un regalo
para mi madre

Un regalo
para mi hija

Para el hombre
de mi vida

Tu Primera
Comunión

Por nuestra
gran amistad

Una pausa
para el espíritu

Un regalo para
mi padre

Poemas para
enamorar

Para una mujer
muy ocupada

Confía en ti

Con el cariño
de la abuela

De parte de
papá y mamá

Para una
gran mujer

Vocación
de curar

Vocación
de enseñar